Krypto-Grundlagen verständlich erklärt

Vorwort

Liebe Leserinnen und Leser,

ich freue mich, Ihnen das Buch "Krypto-Grundlagen einfach erklärt" präsentieren zu dürfen. In einer digitalisierten Welt ist es wichtig, die Grundlagen der Kryptographie zu verstehen.

Dieses Buch vermittelt Ihnen die grundlegenden Prinzipien der Kryptographie, wie asymmetrische Verschlüsselung, digitale Signaturen und Hash-Funktionen. Sie erfahren auch, wie kryptographische Angriffe funktionieren und wie moderne Analysemethoden eingesetzt werden, um Sicherheitslücken aufzudecken.

"Krypto-Grundlagen einfach erklärt" hilft Ihnen dabei, ein solides Fundament in der Kryptographie aufzubauen.
Ich hoffe, dass Sie nach der Lektüre ein besseres Verständnis für die Sicherheit digitaler Informationen haben und die erlernten Konzepte anwenden können.

Ich wünsche Ihnen eine spannende Reise in die Welt der Kryptographie!

Kevin van Olafson

Inhaltsverzeichnis

Kapitel kurz erklärt

1. Einführung in Kryptowährungen: Kryptowährungen sind digitale Währungen, die auf kryptografischen Technologien basieren. Sie ermöglichen Peer-to-Peer-Transaktionen ohne eine zentrale Autorität wie eine Bank.

2. Kryptographie und Sicherheit: Kryptowährungen nutzen fortschrittliche Verschlüsselungstechniken, um Transaktionen zu sichern und die Erzeugung neuer Einheiten zu regeln. Dadurch wird sichergestellt, dass die Transaktionen sicher und fälschungssicher sind.

3. Die Blockchain-Technologie: Die Blockchain ist eine dezentrale und transparente Datenbank, die alle Transaktionen einer Kryptowährung enthält. Sie ermöglicht es, Transaktionen nachzuverfolgen und das Vertrauen zwischen den Teilnehmern aufzubauen.

4. Mining und Konsensmechanismen: Mining ist der Prozess der Validierung und Aufzeichnung von Transaktionen in der Blockchain. Dabei kommen unterschiedliche Konsensmechanismen wie Proof-of-Work oder Proof-of-Stake zum Einsatz, um die Sicherheit und Integrität des Netzwerks zu gewährleisten.

5. Wallets und Adressen: Wallets sind digitale Geldbörsen, in denen Kryptowährungen gespeichert werden können. Jeder Wallet besitzt eine eindeutige Adresse, ähnlich einer Bankkontonummer, über die Transaktionen empfangen und gesendet werden können.

6. Transaktionen und Smart Contracts: Transaktionen ermöglichen den Transfer von Kryptowährungen zwischen verschiedenen Wallets. Smart Contracts sind selbstausführbare Verträge, die automatisch ausgeführt werden, wenn bestimmte Bedingungen erfüllt sind.

7. Öffentliche und private Schlüssel: Kryptowährungen nutzen asymmetrische Verschlüsselung, bei der ein öffentlicher Schlüssel zum Empfangen von Transaktionen und ein privater Schlüssel zur Autorisierung von Transaktionen verwendet wird.

8. Anonymität und Pseudonymität: Obwohl Transaktionen in der Blockchain öffentlich einsehbar sind, bieten Kryptowährungen oft ein gewisses Maß an Anonymität und Pseudonymität, da die Identität der Beteiligten hinter den Transaktionen nicht immer leicht zu erkennen ist.

9. Skalierbarkeit und Transaktionsgeschwindigkeit: Die Skalierbarkeit von Kryptowährungen bezieht sich auf ihre Fähigkeit, mit steigender Nutzerzahl und Transaktionsvolumen umzugehen. Einige Kryptowährungen arbeiten an Lösungen, um die Transaktionsgeschwindigkeit zu erhöhen.

10. Risiken und Sicherheitsvorkehrungen: Kryptowährungen bergen Risiken wie Cyberangriffe, Verlust von Wallets oder Betrug. Daher ist es wichtig, Sicherheitsvorkehrungen wie die Verwendung sicherer Wallets, die Aktualisierung von Software und die Aufbewahrung von privaten Schlüsseln an einem sicheren Ort zu treffen.

11. Regulierung und rechtliche Aspekte: Regierungen und Behörden setzen Regulierungen ein, um Kryptowährungen zu

kontrollieren und den Schutz von Investoren und Verbrauchern sicherzustellen. Die rechtlichen Aspekte von Kryptowährungen variieren von Land zu Land.

12.   Zukunftsaussichten: Die Zukunft von Kryptowährungen ist vielversprechend. Sie könnten eine Rolle in verschiedenen Branchen spielen, wie beispielsweise im Finanzwesen, der Logistik oder dem Gesundheitswesen. Neue Technologien und Innovationen werden weiterhin das Potenzial von Kryptowährungen vorantreiben.

Kapitel 1: Einführung in Kryptowährungen

In diesem Kapitel wird eine grundlegende Einführung in das Thema Kryptowährungen gegeben. Es beginnt mit der Definition von Kryptowährungen als digitale Währungen, die auf kryptographischen Techniken basieren. Der Begriff "Krypto" bezieht sich auf die Verwendung von Kryptographie, um die Sicherheit und Integrität dieser Währungen zu gewährleisten.

Es wird erläutert, dass Kryptowährungen im Gegensatz zu traditionellen Währungen wie dem Euro oder Dollar nicht von zentralen Behörden wie Regierungen oder Banken kontrolliert werden. Stattdessen werden sie von dezentralen Netzwerken betrieben, die als Blockchain bezeichnet werden.

Die Blockchain-Technologie bildet das Rückgrat vieler Kryptowährungen. Eine Blockchain ist ein verteiltes, öffentliches Hauptbuch, das alle Transaktionen in chronologischer Reihenfolge aufzeichnet. Diese Transaktionen werden in Blöcken gesammelt und mithilfe von kryptographischen Hash-Funktionen miteinander verknüpft. Dadurch entsteht eine unveränderliche Aufzeichnung aller Transaktionen, die für jeden Teilnehmer im Netzwerk einsehbar ist.

Eine der wichtigsten Eigenschaften von Kryptowährungen ist ihre Sicherheit. Die Kryptographie spielt hierbei eine zentrale Rolle. Durch den Einsatz von asymmetrischer Verschlüsselung werden digitale Signaturen erzeugt, die die Authentizität und Unveränderlichkeit von Transaktionen gewährleisten. Symmetrische Verschlüsselung und Hash-Funktionen tragen zur Sicherheit der Transaktionsdaten bei.

Im weiteren Verlauf des Kapitels werden verschiedene bekannte Kryptowährungen wie Bitcoin, Ethereum und Ripple vorgestellt. Es wird erklärt, dass jede Kryptowährung ihre eigenen einzigartigen Merkmale und Ziele hat. Bitcoin beispielsweise wurde als erste Kryptowährung entwickelt und hat das Ziel, ein elektronisches Peer-to-Peer-Zahlungssystem zu sein, das unabhängig von zentralen Institutionen funktioniert. Ethereum hingegen ermöglicht die Erstellung und Ausführung von Smart Contracts, die automatisch auf der Blockchain ausgeführt werden.

Schließlich werden die Potenziale und Vorteile von Kryptowährungen diskutiert, wie z.B. die schnelle und kostengünstige Abwicklung von grenzüberschreitenden Transaktionen, die Beseitigung von Zwischenhändlern, die Förderung der finanziellen Inklusion und die Möglichkeit der Entwicklung neuer Anwendungen und Geschäftsmodelle

Wichtige Begriffe:

- Kryptowährungen: Digitale Währungen, die auf kryptographischen Techniken basieren.

- Kryptographie: Verwendung von Verschlüsselungstechniken zur Sicherheit und Integrität.

- Blockchain: Öffentliches, verteiltes Hauptbuch, das alle Transaktionen aufzeichnet.

- Asymmetrische Verschlüsselung: Technik zur Erzeugung digitaler Signaturen für die Sicherheit von Transaktionen.

- Hash-Funktionen: Kryptographische Funktionen zur Sicherung von Datenintegrität.

- Bitcoin, Ethereum, Ripple: Beispiele für Kryptowährungen mit unterschiedlichen Zielen und Funktionen.

Kapitel 2: Kryptographie und Sicherheit

In diesem Kapitel geht es um die Kryptographie und die damit verbundene Sicherheit in Bezug auf Kryptowährungen. Die Kryptographie ist eine Methode zur Verschlüsselung von Informationen und spielt eine zentrale Rolle bei der Sicherung von Transaktionen und dem Schutz der Privatsphäre der Benutzer.

Die Kryptographie wird verwendet, um die Transaktionen in einer Kryptowährung abzusichern. Dabei kommen verschiedene kryptographische Techniken zum Einsatz, wie beispielsweise asymmetrische Verschlüsselung, Hash-Funktionen und digitale Signaturen.

Eine wichtige Komponente in der Kryptographie sind öffentliche und private Schlüssel. Jeder Benutzer einer Kryptowährung hat einen öffentlichen Schlüssel, der wie eine Adresse fungiert und für andere Benutzer sichtbar ist. Der private Schlüssel hingegen ist geheim und dient dazu, Transaktionen zu signieren und den Zugriff auf die eigenen Kryptowährungsbestände zu kontrollieren.

Die Kombination aus öffentlichen und privaten Schlüsseln ermöglicht es, Transaktionen sicher zu verschlüsseln und zu authentifizieren. Eine Transaktion wird mit dem privaten Schlüssel signiert, und andere Benutzer können die Echtheit der Transaktion mit dem entsprechenden öffentlichen Schlüssel überprüfen.

Ein weiterer Aspekt der Kryptographie ist die Sicherung von Wallets und Adressen. Wallets sind digitale Geldbörsen, in denen Benutzer ihre Kryptowährungen aufbewahren. Sie enthalten private Schlüssel, die den Zugriff auf die Kryptowährungsbestände ermöglichen. Die Sicherheit von Wallets ist von großer Bedeutung, da ein Verlust oder Diebstahl der privaten Schlüssel zu einem Verlust der Kryptowährungen führen kann.

Anonymität und Pseudonymität sind ebenfalls wichtige Aspekte im Zusammenhang mit Kryptowährungen. Während Transaktionen öffentlich in der Blockchain verzeichnet werden, sind die beteiligten Personen nicht unbedingt identifizierbar. Anstatt Klarnamen werden Pseudonyme oder kryptographische Adressen verwendet, um die Privatsphäre der Benutzer zu schützen.

Die Kryptographie spielt auch eine Rolle bei der Sicherstellung der Integrität und Unveränderlichkeit der Blockchain. Durch den Einsatz von Hash-Funktionen werden die Blöcke in der Blockchain miteinander verknüpft. Jeder Block enthält den Hash des vorherigen Blocks, und Änderungen an einem Block würden zu Änderungen in allen nachfolgenden Blöcken führen, was sofort erkannt wird.

Die Sicherheit und Vertrauenswürdigkeit einer Kryptowährung hängt auch von der Skalierbarkeit und Transaktionsgeschwindigkeit ab. Um eine große Anzahl von Transaktionen effizient zu verarbeiten, müssen geeignete Konsensmechanismen und Skalierungslösungen implementiert werden.

Darüber hinaus ist es wichtig, die rechtlichen und regulatorischen Aspekte im Zusammenhang mit KryptoWährungen zu berücksichtigen. Die Regulierung von Kryptowährungen variiert je nach Land und kann Auswirkungen auf ihre Verwendung, Besteuerung und Handhabung haben. Es ist wichtig, die rechtlichen Rahmenbedingungen zu verstehen und sich über eventuelle Risiken und Verpflichtungen im Zusammenhang mit Kryptowährungen zu informieren.

Da Kryptowährungen digitale Vermögenswerte sind, sind sie auch bestimmten Risiken ausgesetzt. Zu den Risiken gehören unter anderem die Volatilität der Kurse, potenzielle Sicherheitslücken, Betrugsmöglichkeiten und der Verlust von privaten Schlüsseln. Es ist wichtig, sich dieser Risiken bewusst zu sein und geeignete Sicherheitsvorkehrungen zu treffen, wie beispielsweise die Verwendung von sicheren Wallets, die Aktualisierung von Software und die Wahrung der Privatsphäre.

Die Zukunftsaussichten von Kryptowährungen sind vielfältig und spannend. Die Technologie entwickelt sich ständig weiter und es gibt eine wachsende Akzeptanz und Integration von Kryptowährungen in verschiedene Branchen. Die Weiterentwicklung der Skalierungslösungen, die Verbesserung der Benutzerfreundlichkeit und die mögliche Einführung von staatlich unterstützten digitalen Währungen sind nur einige der Aspekte, die die Zukunft der Kryptowährungen prägen könnten.

Zusammenfassend lässt sich sagen, dass das zweite Thema "Kryptographie und Sicherheit" in Bezug auf Kryptowährungen eine wichtige Rolle spielt. Kryptographische Techniken gewährleisten die Sicherheit von Transaktionen, schützen die Privatsphäre der Benutzer und gewährleisten die Integrität der Blockchain. Es ist von entscheidender Bedeutung, sich mit den verschiedenen Aspekten der Kryptographie und den damit verbundenen Sicherheitsvorkehrungen vertraut zu machen, um den sicheren Umgang mit Kryptowährungen zu gewährleisten.

Wichtige Begriffe:

- <u>Digitale Signaturen</u>: Eine Methode zum Überprüfen der Echtheit und Integrität elektronischer Nachrichten oder Transaktionen mithilfe von öffentlichen und privaten Schlüsseln.

- <u>Wallets</u>: Digitale Geldbörsen zur Aufbewahrung von Kryptowährungen. Sie enthalten private Schlüssel, um auf die Kryptowährungsbestände zugreifen zu können.

- <u>Pseudonymität</u>: Die Verwendung von Pseudonymen statt echter Namen zur Wahrung der Privatsphäre.

- <u>Skalierbarkeit</u>: Die Fähigkeit einer Kryptowährung oder eines Systems, eine wachsende Anzahl von Transaktionen oder Benutzern effizient zu verarbeiten.

- <u>Regulierung</u>: Die gesetzlichen Vorschriften und Regeln, die den Handel, die Nutzung und die Besteuerung von Kryptowährungen betreffen.

Kapitel 3: Die Blockchain-Technologie,

ist ein entscheidender Bestandteil vieler Kryptowährungen wie Bitcoin und Ethereum. Sie bildet das Fundament für deren Funktionsweise und ermöglicht die sichere und transparente Verwaltung von Transaktionen.

Stell dir vor, du hast ein digitales Hauptbuch, das alle Transaktionen einer bestimmten Kryptowährung enthält. Dieses Hauptbuch wird jedoch nicht von einer einzigen zentralen Instanz wie einer Bank oder Regierung verwaltet. Stattdessen wird es von einem Netzwerk von Computern, den sogenannten Knoten, auf der ganzen Welt verwaltet. Jeder Knoten hat eine Kopie des Hauptbuchs, das als Blockchain bezeichnet wird.

Die Blockchain ist wie ein riesiges, dezentrales und öffentliches Buch, das alle Transaktionen verzeichnet. Jede Transaktion wird in einem Datenblock gesammelt, der dann an die vorherigen Blöcke angehängt wird, wodurch eine Kette von Blöcken entsteht. Jeder Block enthält Informationen über die Transaktionen, wie den Absender, den Empfänger und den Betrag, sowie einen eindeutigen Code, der als Hash bezeichnet wird.

Die Knoten im Netzwerk überprüfen und bestätigen jede Transaktion, bevor sie in einem Block hinzugefügt wird. Dieser Prozess wird als Konsensmechanismus bezeichnet und gewährleistet, dass nur gültige Transaktionen in die Blockchain aufgenommen werden. Es gibt verschiedene Arten von Konsensmechanismen, wie zum Beispiel den Proof of Work (PoW) oder den Proof of Stake (PoS), die je nach Kryptowährung unterschiedlich funktionieren.

Durch die dezentrale Natur der Blockchain ist sie äußerst sicher. Jeder Block enthält einen Hash-Code, der auf den vorherigen Block verweist. Wenn jemand versucht, einen Block zu ändern, müsste er auch den Hash-Code ändern. Da jedoch alle Knoten im Netzwerk die Integrität der Blöcke überprüfen, würde eine solche Änderung sofort erkannt und abgewiesen werden.

Die Blockchain-Technologie bietet auch Transparenz, da jeder die Blockchain einsehen und die darin enthaltenen Transaktionen überprüfen kann. Das bedeutet, dass keine zentrale Autorität erforderlich ist, um die Echtheit oder Gültigkeit von Transaktionen zu überwachen. Dies schafft Vertrauen und ermöglicht es Benutzern, die Herkunft und den Verlauf von Transaktionen nachzuvollziehen.

Neben Kryptowährungen hat die Blockchain-Technologie auch das Potenzial, in verschiedenen Bereichen eingesetzt zu werden. Zum Beispiel könnte sie in der Lieferkettenverfolgung verwendet werden, um den Weg von Produkten vom Hersteller bis zum Endkunden nachzuvollziehen. Sie könnte auch bei der Verwaltung von digitalen Identitäten, im Gesundheitswesen oder sogar bei der Sicherung von Abstimmungen eingesetzt werden.

Zusammenfassend lässt sich sagen, dass die Blockchain-Technologie die Grundlage für viele Kryptowährungen bildet. Sie ermöglicht die dezentrale Verwaltung und Verifizierung von Transaktionen, bietet Transparenz und Sicherheit. Durch die dezentrale Natur der Blockchain ist sie weniger anfällig für Manipulationen oder Ausfälle. Die Verknüpfung der Blöcke mit kryptographischen Hash-Codes gewährleistet die Integrität und Unveränderlichkeit der gespeicherten Daten.

Die Blockchain-Technologie hat das Potenzial, verschiedene Bereiche zu revolutionieren. In der Lieferkettenverfolgung könnte sie beispielsweise helfen, den Ursprung von Produkten nachvollziehbar zu machen und Fälschungen zu verhindern. Im Gesundheitswesen könnte sie die sichere Speicherung und den Austausch von medizinischen Daten ermöglichen. Bei der Verwaltung digitaler Identitäten könnte die Blockchain helfen, Identitätsdiebstahl zu verhindern und die Kontrolle über persönliche Daten den Nutzern zurückzugeben.

Es gibt jedoch auch Herausforderungen und potenzielle Risiken im Zusammenhang mit der Blockchain-Technologie. Dazu gehören Skalierbarkeitsprobleme, da das Netzwerk mit einer wachsenden Anzahl von Transaktionen umgehen muss. Zudem können bestimmte Konsensmechanismen energieintensiv sein und hohe Rechenleistung erfordern.

Darüber hinaus stehen rechtliche und regulatorische Aspekte im Zusammenhang mit der Nutzung von Kryptowährungen und der Blockchain-Technologie im Fokus. Regierungen und Behörden auf der ganzen Welt arbeiten an der Entwicklung von Richtlinien und Vorschriften, um den Einsatz von Kryptowährungen zu steuern und potenziellen Missbrauch zu verhindern.

Insgesamt bietet die Blockchain-Technologie jedoch eine innovative Möglichkeit, Transaktionen sicher und transparent abzuwickeln und das Vertrauen in digitale Systeme zu stärken. Ihr Einsatzpotential erstreckt sich über den Finanzsektor hinaus und kann verschiedene Branchen positiv beeinflussen.

Wichtige Begriffe:

- <u>Proof of Work (PoW):</u> Ein Konsensmechanismus, der bei einigen Kryptowährungen verwendet wird, um Transaktionen zu verifizieren und neue Blöcke zur Blockchain hinzuzufügen. Beim Proof of Work müssen die Teilnehmer des Netzwerks komplexe mathematische Rätsel lösen, um ihre Arbeit zu beweisen und Belohnungen zu erhalten.

- <u>Proof of Stake (PoS):</u> Ein alternativer Konsensmechanismus, der bei einigen Kryptowährungen verwendet wird. Beim Proof of Stake werden Blöcke nicht durch das Lösen von Rätseln, sondern durch den Besitz einer bestimmten Menge an Kryptowährung erstellt. Teilnehmer, die einen hohen Einsatz an Coins halten, haben eine größere Chance, Blöcke zu erstellen und Belohnungen zu erhalten.

- <u>Integrität:</u> Die Unveränderlichkeit und Korrektheit von Daten. In Bezug auf die Blockchain bedeutet Integrität, dass einmal in die Blockchain aufgenommene Transaktionen nicht mehr rückgängig gemacht oder verändert werden können.

Kapitel 4: Mining und Konsensmechanismen

Beim Mining handelt es sich um einen wichtigen Prozess in Kryptowährungen wie Bitcoin und Ethereum. Es ermöglicht das Hinzufügen neuer Transaktionen zur Blockchain und stellt sicher, dass das Netzwerk sicher und zuverlässig funktioniert.

Stell dir vor, du hast eine Liste von Transaktionen, die in einem Block gesammelt werden sollen. Die Aufgabe des Minings besteht darin, diesen Block zu verifizieren und zu sichern, indem komplexe mathematische Berechnungen durchgeführt werden. Diese Berechnungen dienen zwei Hauptzwecken: die Sicherheit des Netzwerks zu gewährleisten und neue Coins zu generieren.

Der Mining-Prozess basiert auf einem Konsensmechanismus, der sicherstellt, dass alle Teilnehmer des Netzwerks übereinstimmen und sich auf den aktuellen Zustand der Blockchain einigen. Es gibt verschiedene Arten von Konsensmechanismen, aber die zwei bekanntesten sind Proof of Work (PoW) und Proof of Stake (PoS).

Beim Proof of Work müssen die Miner komplexe mathematische Rätsel lösen, um einen Block zu validieren. Dies erfordert eine beträchtliche Rechenleistung und Energie. Die Miner konkurrieren miteinander, um das Rätsel zu lösen, und der erste Miner, der erfolgreich ist, erhält eine Belohnung in Form von neuen Coins und Transaktionsgebühren. Der gelöste Block wird dann der Blockchain hinzugefügt und die Transaktionen darin werden als bestätigt angesehen.

Beim Proof of Stake hingegen werden Blöcke nicht durch das Lösen von Rätseln erstellt, sondern durch den Besitz einer bestimmten Menge an Coins. Die Teilnehmer, die eine große Menge an Coins besitzen und "staken" (blockieren) - also als Einsatz hinterlegen - haben eine größere Chance, ausgewählt zu werden, um einen Block zu erstellen. Ähnlich wie beim Proof of Work erhalten die ausgewählten Teilnehmer Belohnungen in Form von Coins und Transaktionsgebühren.

Beide Konsensmechanismen haben Vor- und Nachteile. Proof of Work ist sehr sicher, da ein Angreifer eine enorme Rechenleistung aufbringen müsste, um die Blockchain zu manipulieren. Allerdings ist er energieintensiv und erfordert leistungsstarke Hardware. Proof of Stake hingegen ist energieeffizienter, da weniger Rechenleistung benötigt wird, aber es erfordert den Besitz einer beträchtlichen Menge an Coins, um am Prozess teilzunehmen.

Der Mining-Prozess hat jedoch auch einige Herausforderungen. Eine davon ist die Skalierbarkeit. Je mehr Transaktionen in einem Netzwerk stattfinden, desto mehr Rechenleistung wird benötigt, um die Transaktionen zu verifizieren. Dies kann zu Engpässen führen und die Geschwindigkeit des Netzwerks beeinträchtigen. Um diesem Problem entgegenzuwirken, arbeiten Entwickler an der Verbesserung der Algorithmen und der Infrastruktur, um die Skalierbarkeit zu erhöhen.

Ein weiteres Thema im Zusammenhang mit dem Mining ist die Zentralisierung. In einigen Kryptowährungen, insbesondere solchen, die den Proof-of-Work-Mechanismus verwenden, kann es dazu kommen, dass bestimmte Miner eine dominierende Position einnehmen. Diese Miner verfügen über erhebliche Ressourcen und haben dadurch einen Vorteil bei der Generierung neuer Blöcke. Dies kann zu einer Zentralisierung der Macht führen, die den ursprünglichen dezentralen Gedanken der Blockchain untergräbt.

Es werden jedoch auch alternative Konsensmechanismen wie Proof of Stake entwickelt, um dieses Problem anzugehen und eine fairere Teilnahme zu ermöglichen.

Es gibt auch ökologische Bedenken im Zusammenhang mit dem Mining. Da der Proof-of-Work-Mechanismus eine hohe Rechenleistung erfordert, ist er energieintensiv. Dies hat dazu geführt, dass einige Mining-Operationen große Mengen an Strom verbrauchen, insbesondere wenn sie auf fossilen Brennstoffen basieren. Um diese Problematik anzugehen, erkunden viele Projekte alternative Energiequellen und verbessern die Energieeffizienz des Minings.

Abschließend ist das Mining ein wichtiger Bestandteil der Funktionsweise vieler Kryptowährungen. Es ermöglicht die Verifizierung von Transaktionen, das Hinzufügen neuer Blöcke zur Blockchain und die Generierung neuer Coins. Während es einige Herausforderungen gibt, wie Skalierbarkeit, Zentralisierung und ökologische Auswirkungen, arbeiten Entwickler und die Gemeinschaft aktiv daran, diese Probleme anzugehen und die Effizienz und Nachhaltigkeit des Minings zu verbessern.

Wichtige Begriffe:

- <u>Skalierbarkeit</u>: Die Fähigkeit eines Systems, mit zunehmender Belastung oder wachsender Nutzerzahl umzugehen.

- <u>Mining-Operationen</u>: Unternehmen oder Einzelpersonen, die spezielle Hardware und Ressourcen einsetzen, um das Mining durchzuführen.

- <u>Dominierende Position</u>: Eine starke und einflussreiche Position, die bestimmte Miner aufgrund ihres großen Ressourcenpools und ihrer Rechenleistung einnehmen können.

- <u>Konsensmechanismen</u>: Methoden, die in Kryptowährungen verwendet werden, um Einigkeit über den Zustand der Blockchain herzustellen und Transaktionen zu verifizieren.

Kapitel 5: Wallets und Adressen

In der Welt der Kryptowährungen spielen Wallets (Brieftaschen) eine wichtige Rolle, um Kryptowährungen sicher aufzubewahren und Transaktionen durchzuführen. Ein Wallet kann als eine Art digitales Konto betrachtet werden, das es den Benutzern ermöglicht, ihre Kryptowährungen zu verwalten, zu senden und zu empfangen.

Ein Wallet besteht aus zwei Hauptkomponenten: einer Adresse und einem privaten Schlüssel. Eine Adresse ist eine eindeutige Zeichenkombination, ähnlich einer Kontonummer oder einer E-Mail-Adresse. Diese Adresse wird verwendet, um Kryptowährungen von anderen Wallets zu empfangen oder an andere Wallets zu senden. Es ist vergleichbar mit einer Überweisung auf ein Bankkonto, bei der du Geld an eine bestimmte Kontonummer schickst. In ähnlicher Weise kannst du Kryptowährungen an eine Wallet-Adresse senden.

Der private Schlüssel ist ein geheimer Code, der mit deinem Wallet verbunden ist. Er dient als Passwort oder digitale Unterschrift und ermöglicht es dir, Transaktionen zu autorisieren. Der private Schlüssel sollte sicher aufbewahrt werden, da er den Zugriff auf deine Kryptowährungen ermöglicht. Wenn jemand in den Besitz deines privaten Schlüssels gelangt, kann er deine Kryptowährungen kontrollieren. Daher ist es äußerst wichtig, den privaten Schlüssel geheim zu halten und vor unbefugtem Zugriff zu schützen.

Es gibt verschiedene Arten von Wallets, die den Benutzern zur Verfügung stehen. Zu den gängigsten Wallet-Typen gehören Desktop-Wallets, mobile Wallets, Online-Wallets und Hardware-Wallets. Desktop-Wallets sind Programme, die auf deinem Computer installiert werden und eine sichere Umgebung bieten, um deine Kryptowährungen zu verwalten. Mobile Wallets sind Apps, die auf Smartphones oder Tablets verwendet werden können und eine praktische Möglichkeit bieten, Kryptowährungen unterwegs zu nutzen. Online-Wallets sind über das Internet zugänglich und werden von Drittanbietern gehostet. Sie bieten eine bequeme Möglichkeit, auf deine Kryptowährungen zuzugreifen, erfordern jedoch ein gewisses Vertrauen in den Wallet-Anbieter. Hardware-Wallets sind physische Geräte, die den privaten Schlüssel offline und sicher aufbewahren. Sie bieten eine zusätzliche Sicherheitsebene, da sie von potenziellen Online-Bedrohungen isoliert sind.

Bei der Auswahl eines Wallets ist es wichtig, die Sicherheitsaspekte zu berücksichtigen. Ein sicheres Wallet bietet verschiedene Sicherheitsfunktionen wie Verschlüsselung, Backup-Optionen und Schutz vor Malware. Die Verschlüsselung der Wallet-Daten hilft dabei, deine Kryptowährungen vor unbefugtem Zugriff zu schützen. Backup-Optionen ermöglichen es dir, deine Wallet-Daten an einem sicheren Ort zu sichern, falls dein Gerät beschädigt oder verloren geht.

Um dein Wallet zu nutzen, musst du zunächst eine Wallet-Adresse generieren. Dies geschieht in der Regel automatisch, sobald du ein Wallet erstellst. Die Adresse besteht aus einer Kombination von Buchstaben und Zahlen und dient als Empfangsadresse für deine Kryptowährungen. Du kannst diese Adresse an andere Personen weitergeben, um Zahlungen von ihnen zu erhalten.

Wenn du Kryptowährungen senden möchtest, benötigst du die Wallet-Adresse des Empfängers. Du gibst diese Adresse in deinem Wallet ein und bestimmst den Betrag, den du senden möchtest. Bevor die Transaktion abgeschlossen wird, wirst du in der Regel aufgefordert, deine Transaktion mit deinem privaten Schlüssel zu signieren. Dadurch wird sichergestellt, dass nur du als Besitzer des privaten Schlüssels die Transaktion autorisieren kannst.

Es ist wichtig zu verstehen, dass Wallet-Adressen für verschiedene Kryptowährungen eindeutig sind. Wenn du beispielsweise Bitcoin besitzt, benötigst du eine Bitcoin-Wallet-Adresse, um Bitcoin zu senden oder zu empfangen. Das Gleiche gilt für andere Kryptowährungen wie Ethereum, Litecoin, Ripple und viele mehr. Stelle sicher, dass du die richtige Wallet-Adresse für die entsprechende Kryptowährung verwendest, um mögliche Fehler zu vermeiden.

Zusätzlich zur Wallet-Adresse und dem privaten Schlüssel gibt es auch Begriffe wie den öffentlichen Schlüssel und den Seed. Der öffentliche Schlüssel ist eine kryptografische Komponente, die mit deiner Wallet-Adresse verbunden ist. Der Seed, auch bekannt als Wiederherstellungsschlüssel oder Mnemonic Phrase, ist eine Reihe von Wörtern, die verwendet werden können, um dein Wallet wiederherzustellen, falls du den Zugriff auf dein Wallet verlierst oder dein Gerät beschädigt wird. Der Seed ist eine weitere wichtige Komponente, die sicher aufbewahrt werden sollte.

Abschließend ist es wichtig zu betonen, dass Wallets und Adressen eine wesentliche Grundlage für den sicheren Umgang mit Kryptowährungen bilden. Es ist unerlässlich, ein sicheres Wallet zu wählen, deine privaten Schlüssel und Seeds geheim zu halten und grundlegende Sicherheitspraktiken zu befolgen, um den Schutz deiner Kryptowährungen zu gewährleisten.

Wichtige Begriffe:

- <u>Privater Schlüssel</u>: Ein geheimer Code, der den Zugriff auf das Wallet und die Autorisierung von Transaktionen ermöglicht.

- <u>Kalt-Wallet</u>: Eine Wallet, die offline und vom Internet getrennt aufbewahrt wird, um sie sicherer zu machen.

- <u>Hardware-Wallet</u>: Eine physische Wallet, die den privaten Schlüssel offline auf einem Gerät speichert.

- <u>Desktop-Wallet</u>: Eine Wallet-Software, die auf dem Computer installiert wird und die Verwaltung von Kryptowährungen ermöglicht.

- <u>Mobile Wallet</u>: Eine Wallet-App, die auf Smartphones oder Tablets verwendet wird, um Kryptowährungen unterwegs zu verwalten.

- <u>Online-Wallet</u>: Eine Wallet, die über das Internet zugänglich ist und von einem Drittanbieter gehostet wird.

- <u>Öffentlicher Schlüssel</u>: Eine kryptografische Komponente, die mit der Wallet-Adresse verbunden ist.

- <u>Seed</u>: Eine Reihe von Wörtern, die zur Wiederherstellung der Wallet verwendet werden können, falls der Zugriff verloren geht.

- <u>Mnemonic Phrase</u>: Eine andere Bezeichnung für den Seed oder Wiederherstellungsschlüssel.

Kapitel 6: Transaktionen und Smart contracts

Transaktionen sind ein grundlegender Bestandteil von Kryptowährungen. Sie ermöglichen den Transfer von Geld oder anderen digitalen Vermögenswerten von einem Teilnehmer zum anderen. Bei herkömmlichen Finanzsystemen sind Banken oder andere Finanzinstitute für die Abwicklung von Transaktionen verantwortlich. In Kryptowährungen hingegen werden Transaktionen durch die Blockchain-Technologie ermöglicht.

Eine Transaktion in einer Kryptowährung wie beispielsweise Bitcoin besteht aus drei Hauptkomponenten: Eingaben, Ausgaben und einer digitalen Signatur. Die Eingaben bestehen aus den Referenzen auf vorherige Transaktionen, die als Quelle für die Mittel dienen, die überwiesen werden sollen. Die Ausgaben geben an, an wen die Mittel überwiesen werden und in welcher Höhe. Die digitale Signatur wird verwendet, um die Transaktion zu authentifizieren und sicherzustellen, dass sie von der richtigen Partei stammt.

Smart Contracts sind ein weiterer wichtiger Aspekt im Zusammenhang mit Transaktionen in Kryptowährungen. Ein Smart Contract ist im Grunde genommen ein selbstausführender Vertrag, der auf der Blockchain-Technologie basiert. Er besteht aus Code, der bestimmte Bedingungen definiert, unter denen die darin enthaltenen Transaktionen automatisch ausgeführt werden.

Im Kontext von Kryptowährungen ermöglichen Smart Contracts automatisierte und vertrauenswürdige Transaktionen zwischen Parteien, ohne dass eine zentrale Instanz erforderlich ist. Die Bedingungen eines Smart Contracts werden in Code festgelegt, und sobald diese Bedingungen erfüllt sind, wird der Code ausgeführt und die Transaktion wird abgewickelt. Dies bietet eine höhere Effizienz und reduziert die Notwendigkeit für Zwischenhändler.

Ein Beispiel für einen Smart Contract könnte ein digitaler Vertrag sein, der automatisch Zahlungen freigibt, sobald bestimmte Lieferbedingungen erfüllt sind. Wenn die Lieferung erfolgreich abgeschlossen wurde, wird der Code des Smart Contracts aktiviert und die Zahlung wird automatisch an den Verkäufer überwiesen.

Smart Contracts ermöglichen es auch, komplexe Anwendungen auf der Blockchain zu erstellen. Mit der Plattform Ethereum, zum Beispiel, können Entwickler ihre eigenen Smart Contracts erstellen und dezentrale Anwendungen (DApps) entwickeln.

Insgesamt spielen Transaktionen und Smart Contracts eine entscheidende Rolle in der Welt der Kryptowährungen. Sie ermöglichen den sicheren und automatisierten Austausch von Werten und eröffnen neue Möglichkeiten für Finanztransaktionen und Anwendungen auf der Blockchain.

Transaktionen in Kryptowährungen sind wie das Versenden von Geld oder Geschenken, aber in einer speziellen digitalen Form. Stell dir vor, du hast eine spezielle Münze, die nur im Computer existiert. Wenn du jemandem etwas von dieser Münze geben möchtest, musst du eine Transaktion machen.

Hier das Ganze nochmal etwas einfacher erklärt:

Eine Transaktion besteht aus drei Dingen: einer Quelle, einem Ziel und einer Unterschrift. Die Quelle ist der Ort, an dem deine Münzen herkommen. Das Ziel ist die Person, der du die Münzen geben möchtest. Die Unterschrift ist wie dein persönliches Siegel, das beweist, dass du die Transaktion gemacht hast.

Ein Smart Contract ist wie ein magischer Vertrag im Computer. Du kannst darin festlegen, was passieren soll, wenn bestimmte Bedingungen erfüllt sind. Zum Beispiel könntest du einen Vertrag erstellen, der sagt: "Wenn du mir zehn Spielzeugautos gibst, gebe ich dir eine besondere digitale Münze." Sobald die Person dir die zehn Spielzeugautos gibt, wird der Vertrag automatisch ausgeführt und du gibst ihr die spezielle Münze.

Smart Contracts helfen auch dabei, komplizierte Dinge auf dem Computer zu erledigen. Man kann sie verwenden, um automatisch Zahlungen freizugeben oder sogar Spiele zu spielen. Sie machen es einfacher und sicherer, Dinge im Computer zu regeln, ohne dass jemand anderes dazwischenkommen muss.

Das sind die grundlegenden Ideen hinter Transaktionen und Smart Contracts in Kryptowährungen. Es ist wie das Versenden von digitalem Geld und das Verwenden von magischen Verträgen im Computer.

Kapitel 7: Öffentliche und private Schlüssel,

sind ein wichtiger Bestandteil der modernen Kryptografie, die verwendet wird, um Informationen sicher zu übertragen und zu schützen. Sie spielen eine entscheidende Rolle bei der Gewährleistung der Privatsphäre, Sicherheit und Integrität digitaler Kommunikation.

Stell dir vor, du möchtest eine geheime Nachricht an deinen besten Freund schicken. Du willst sicherstellen, dass nur dein Freund die Nachricht lesen kann und niemand sonst. Öffentliche und private Schlüssel bieten eine Lösung für dieses Problem.

Der öffentliche Schlüssel ist wie ein digitales Schloss, das für alle zugänglich ist. Er kann frei verteilt werden und dient dazu, verschlüsselte Nachrichten zu empfangen. Ähnlich wie bei einem Schloss, das jeder mit dem passenden Schlüssel öffnen kann, kann jeder den öffentlichen Schlüssel verwenden, um die Nachrichten zu verschlüsseln. Das Verschlüsseln der Nachricht bedeutet, dass sie in eine unverständliche "Codesprache" umgewandelt wird, die ohne den privaten Schlüssel nicht entschlüsselt werden kann.

Der private Schlüssel hingegen ist wie der einzigartige und geheime Schlüssel zu diesem digitalen Schloss. Nur du besitzt diesen privaten Schlüssel und darfst ihn niemandem sonst preisgeben. Mit diesem privaten Schlüssel kannst du die verschlüsselten Nachrichten entschlüsseln und den ursprünglichen Inhalt lesen. Der private Schlüssel ist wie ein persönliches Geheimnis, das dir allein gehört und mit dem nur du Zugriff auf die verschlüsselten Informationen hast.

Um es noch genauer zu erklären, kannst du dir vorstellen, dass du und dein Freund ein Paar von speziellen Schlüsseln habt. Der öffentliche Schlüssel ist wie der Schlüssel, den du deinem Freund gibst, und er kann damit die Nachrichten verschlüsseln. Der private Schlüssel ist wie der Schlüssel, den nur du besitzt, um die verschlüsselten Nachrichten zu entschlüsseln und zu lesen. Es ist wichtig zu beachten, dass der öffentliche und der private Schlüssel mathematisch miteinander verbunden sind, sodass die Verschlüsselung mit dem öffentlichen Schlüssel nur mit dem entsprechenden privaten Schlüssel entschlüsselt werden kann.

Die Verwendung von öffentlichen und privaten Schlüsseln bietet eine sichere Möglichkeit, Informationen zu schützen und sicherzustellen, dass nur diejenigen, die über den privaten Schlüssel verfügen, auf die verschlüsselten Informationen zugreifen können. Dieses Konzept wird in vielen Bereichen angewendet, wie beispielsweise bei der sicheren Kommunikation über das Internet, beim Schutz persönlicher Daten, bei der Sicherung von Kryptowährungen und auch bei der Authentifizierung in digitalen Systemen.

In der Welt der Kryptografie gibt es verschiedene Algorithmen und Techniken, die auf öffentlichen und privaten Schlüsseln basieren, um eine starke Verschlüsselung und sichere Kommunikation zu gewährleisten. Es handelt sich um eine grundlegende Methode, um die Vertraulichkeit und Sicherheit von Informationen zu gewährleisten.

Wenn du zum Beispiel eine E-Mail an jemanden sendest, kannst du den öffentlichen Schlüssel dieser Person verwenden, um die E-Mail zu verschlüsseln. Dadurch wird sichergestellt, dass nur der Empfänger, der im Besitz des privaten Schlüssels ist, die E-Mail entschlüsseln und den Inhalt lesen kann. Diese Verschlüsselungstechnik schützt die Nachricht vor unbefugtem

Zugriff während der Übertragung über das Internet oder andere Kommunikationskanäle.

Öffentliche und private Schlüssel spielen auch eine wichtige Rolle in der Welt der Kryptowährungen wie Bitcoin oder Ethereum. Jeder Benutzer einer Kryptowährung besitzt ein Paar von öffentlichen und privaten Schlüsseln. Der öffentliche Schlüssel wird verwendet, um Zahlungen zu empfangen, indem andere Benutzer Geld an diese Adresse senden. Der private Schlüssel hingegen ermöglicht es dem Benutzer, auf sein Kryptowährungskonto zuzugreifen und Transaktionen zu autorisieren.

Die Verwendung von öffentlichen und privaten Schlüsseln bietet eine starke Sicherheitsgrundlage, da es praktisch unmöglich ist, den privaten Schlüssel aus dem öffentlichen Schlüssel abzuleiten. Dies bedeutet, dass selbst wenn jemand Zugriff auf den öffentlichen Schlüssel hat, er oder sie keinen Zugriff auf den privaten Schlüssel und somit auf die verschlüsselten Informationen hat.

Es ist wichtig, den privaten Schlüssel sicher aufzubewahren und ihn niemals an unbefugte Personen weiterzugeben. Wenn der private Schlüssel verloren geht oder gestohlen wird, verliert man den Zugriff auf die verschlüsselten Informationen oder Kryptowährungen, die mit diesem Schlüssel verbunden sind. Daher ist es ratsam, den privaten Schlüssel an einem sicheren Ort zu speichern, wie beispielsweise auf einer verschlüsselten Festplatte oder einem Hardware-Wallet.

Kapitel 8: Anonymität und Pseudonymität,

sind zwei wichtige Konzepte in Bezug auf die Privatsphäre und die Identität von Personen in der digitalen Welt. Im Zusammenhang mit Kryptowährungen bieten sie Möglichkeiten, die Privatsphäre der Benutzer zu schützen und dennoch Transparenz und Sicherheit zu gewährleisten.

Anonymität bezieht sich auf die Unkenntlichkeit oder Vertraulichkeit der Identität einer Person. Wenn man anonym ist, bedeutet das, dass niemand ihre wahre Identität kennt oder nachverfolgen kann. In der Welt der Kryptowährungen können Benutzer Transaktionen durchführen, ohne ihre persönlichen Informationen preiszugeben. Anstatt ihren Namen oder ihre Adresse anzugeben, verwenden sie stattdessen ein Pseudonym oder eine zufällig generierte Adresse.

Pseudonymität hingegen bedeutet, dass eine Person eine digitale Identität verwendet, die nicht mit ihrer realen Identität verbunden ist. Bei Kryptowährungen können Benutzer Pseudonyme verwenden, um Transaktionen durchzuführen. Anstatt ihre echten Namen zu verwenden, erstellen sie ein Pseudonym oder einen Benutzernamen, der mit ihrem digitalen Konto verbunden ist. Dadurch wird es schwieriger, ihre echte Identität zu ermitteln, es sei denn, sie geben diese Informationen freiwillig preis.

Die Blockchain-Technologie, die das Rückgrat vieler Kryptowährungen bildet, spielt eine Rolle bei der Wahrung der Anonymität und Pseudonymität. Die Blockchain zeichnet alle Transaktionen auf, die zwischen den Teilnehmern stattfinden. Diese Transaktionen werden jedoch nicht direkt mit den echten Identitäten der Benutzer in Verbindung gebracht. Stattdessen werden sie mit den Pseudonymen oder Adressen verknüpft, die von den Benutzern verwendet werden. Dadurch bleibt die wahre Identität der Benutzer geschützt.

Es ist wichtig zu beachten, dass Anonymität und Pseudonymität nicht dasselbe wie absolute Privatsphäre bedeuten. Obwohl die Identität der Benutzer hinter Pseudonymen verborgen bleiben kann, sind alle Transaktionen auf der Blockchain öffentlich einsehbar. Jeder kann die Transaktionshistorie einer bestimmten Adresse verfolgen und die damit verbundenen Transaktionen analysieren. Dies bietet eine gewisse Transparenz und ermöglicht es, dass Transaktionen überprüft werden können.

Dennoch können bestimmte Kryptowährungen zusätzliche Funktionen oder Techniken implementieren, um die Anonymität und Privatsphäre der Benutzer weiter zu verbessern. Beispielsweise gibt es Kryptowährungen, die spezielle Verschlüsselungstechniken oder Mischdienste verwenden, um die Spuren von Transaktionen zu verwischen und die Rückverfolgung zu erschweren.

Es ist wichtig anzumerken, dass Anonymität und Pseudonymität in bestimmten Situationen kontrovers diskutiert werden, da sie möglicherweise von Personen mit kriminellen Absichten missbraucht werden könnten. Dies hat zu Diskussionen über die Ausgewogenheit zwischen Privatsphäre und der Notwendigkeit der Einhaltung gesetzlicher Vorschriften geführt. Einige Länder haben daher bestimmte Regelungen eingeführt, um den Missbrauch von Kryptowährungen für illegale Aktivitäten einzudämmen und gleichzeitig die Privatsphäre der Benutzer zu schützen.

Es ist wichtig, dass Benutzer von Kryptowährungen sich bewusst sind, dass ihre Anonymität und Pseudonymität möglicherweise nicht absolut ist und dass zusätzliche Maßnahmen ergriffen werden können, um ihre Privatsphäre zu schützen. Dazu gehören beispielsweise die Verwendung von Suchdiensten, die Nutzung von Kryptowährungen mit verbesserten Datenschutzfunktionen oder die Einhaltung bewährter Sicherheitspraktiken wie die Verwendung von sicheren Wallets und die sichere Aufbewahrung von privaten Schlüsseln.

Insgesamt bieten Anonymität und Pseudonymität in Kryptowährungen eine Möglichkeit, die Privatsphäre der Benutzer zu wahren und gleichzeitig eine gewisse Transparenz und Verifizierbarkeit der Transaktionen zu gewährleisten. Es ist jedoch wichtig, sich der Grenzen dieser Anonymität bewusst zu sein und die individuelle Verantwortung bei der Wahrung der Privatsphäre zu berücksichtigen.

Kapitel 9: Skalierbarkeit und Transaktionsgeschwindigkeit,

sind zwei wichtige Aspekte in der Welt der Kryptowährungen und Blockchain-Technologie. Sie beziehen sich darauf, wie effizient ein Netzwerk ist, um eine große Anzahl von Transaktionen zu verarbeiten und gleichzeitig eine schnelle Bestätigung und Durchführung dieser Transaktionen zu ermöglichen.

Skalierbarkeit bezieht sich auf die Fähigkeit eines Blockchain-Netzwerks, mit einer steigenden Anzahl von Benutzern und Transaktionen umzugehen, ohne dabei an Leistung oder Effizienz zu verlieren. Eine gute Skalierbarkeit ist entscheidend, um sicherzustellen, dass das Netzwerk reibungslos funktioniert, auch wenn die Benutzerbasis wächst.

In der Frühphase von Kryptowährungen, wie beispielsweise Bitcoin, wurde die Skalierbarkeit zu einer Herausforderung, da das Netzwerk eine begrenzte Anzahl von Transaktionen pro Sekunde verarbeiten konnte. Dies führte zu Verzögerungen bei der Bestätigung von Transaktionen und hohen Transaktionsgebühren während Spitzenzeiten.

Um die Skalierbarkeit zu verbessern, wurden verschiedene Ansätze entwickelt. Einer davon ist die Optimierung der Blockchain-Protokolle und Algorithmen, um die Effizienz der Transaktionsverarbeitung zu erhöhen. Beispielsweise wurden Techniken wie das Lightning Network bei Bitcoin eingeführt, um schnellere und kostengünstigere Transaktionen zu ermöglichen, indem Transaktionen außerhalb der Haupt-Blockchain abgewickelt werden.

Ein weiterer Ansatz zur Verbesserung der Skalierbarkeit ist die Einführung von Sharding. Dabei wird die Blockchain in kleinere Abschnitte (Shards) aufgeteilt, die parallel arbeiten und Transaktionen verarbeiten können. Dies ermöglicht es, dass mehrere Transaktionen gleichzeitig stattfinden können und das Netzwerk insgesamt eine größere Kapazität hat.

Transaktionsgeschwindigkeit bezieht sich auf die Zeit, die benötigt wird, um eine Transaktion abzuschließen und zu bestätigen. Schnelle Transaktionsgeschwindigkeiten sind besonders wichtig für Anwendungen, bei denen Echtzeit-Transaktionen erforderlich sind, wie zum Beispiel beim Bezahlen an der Kasse im Einzelhandel oder bei der Übertragung von Geld an Freunde und Familie.

Die Transaktionsgeschwindigkeit hängt von verschiedenen Faktoren ab, einschließlich der Effizienz des Netzwerks, der Blockgröße und der Konsensmechanismen. Kryptowährungen wie Bitcoin haben längere Bestätigungszeiten, da sie einen Proof-of-Work-Konsensmechanismus verwenden, der eine gewisse Zeit benötigt, um neue Blöcke zu erstellen und Transaktionen zu bestätigen. Andere Kryptowährungen wie Litecoin oder Ripple verwenden alternative Konsensmechanismen, die schnellere Transaktionszeiten ermöglichen.

Um die Transaktionsgeschwindigkeit zu erhöhen, werden verschiedene Techniken erforscht und implementiert. Dazu gehören beispielsweise die Optimierung des Netzwerks, um die Latenzzeiten zu reduzieren, die Verwendung von skalierbaren Konsensmechanismen wie Proof-of-Stake oder Delegated Proof-of-Stake, die Erhöhung der Blockgröße und die Implementierung von Off-Chain-Lösungen wie dem Lightning Network.

Off-Chain-Lösungen ermöglichen es Benutzern, Transaktionen außerhalb der Haupt-Blockchain durchzuführen, was zu schnelleren und kostengünstigeren Transaktionen führt. Diese Transaktionen werden später in die Blockchain übertragen, wodurch die Skalierbarkeit erhöht und die Transaktionsgeschwindigkeit verbessert wird.

Es ist wichtig anzumerken, dass die Skalierbarkeit und Transaktionsgeschwindigkeit eng miteinander verbunden sind. Eine effiziente Skalierung eines Blockchain-Netzwerks führt in der Regel zu schnelleren Transaktionszeiten, da das Netzwerk in der Lage ist, eine größere Anzahl von Transaktionen gleichzeitig zu verarbeiten.

Es ist jedoch wichtig, dass Skalierbarkeit und Transaktionsgeschwindigkeit nicht auf Kosten der Sicherheit und Dezentralisierung gehen. Eine zu schnelle Skalierung könnte die Integrität des Netzwerks beeinträchtigen und die Sicherheit gefährden. Daher müssen Entwickler und Community-Mitglieder sorgfältig abwägen, wie sie die Skalierbarkeit verbessern, ohne dabei die grundlegenden Prinzipien der Blockchain-Technologie zu beeinträchtigen.

Insgesamt sind Skalierbarkeit und Transaktionsgeschwindigkeit wichtige Herausforderungen in der Welt der Kryptowährungen. Durch kontinuierliche Forschung und technologische Fortschritte wird daran gearbeitet, Lösungen zu finden, die es ermöglichen, mehr Transaktionen effizienter und schneller zu verarbeiten, um den Anforderungen einer wachsenden Benutzerbasis gerecht zu werden.

Wichtige Begriffe:

- <u>Transaktionsgeschwindigkeit</u>: Die Zeit, die benötigt wird, um eine Transaktion abzuschließen und zu bestätigen.

- <u>Blockchain</u>: Eine Technologie, die Transaktionen in einem dezentralen und transparenten digitalen Hauptbuch speichert.

- <u>Blockgröße</u>: Die maximale Datenmenge, die in einem Block der Blockchain gespeichert werden kann.

- <u>Off-Chain-Lösungen</u>: Techniken, bei denen Transaktionen außerhalb der Haupt-Blockchain abgewickelt werden, um schnellere und kostengünstigere Transaktionen zu ermöglichen.

- <u>Latenzzeiten</u>: Die Zeit, die benötigt wird, um eine Aktion durchzuführen oder eine Antwort zu erhalten.

- <u>Dezentralisierung</u>: Ein Konzept, bei dem die Kontrolle und Verantwortung nicht bei einer einzelnen zentralen Autorität liegt, sondern auf mehrere Teilnehmer im Netzwerk verteilt ist.

Kapitel 10: Regulierung und rechtliche Aspekte,

beschäftigt sich mit den gesetzlichen Vorschriften und der Regulierung von Kryptowährungen. Es befasst sich damit, wie Regierungen und Behörden versuchen, den Einsatz und die Nutzung von Kryptowährungen zu kontrollieren und zu regeln.

Kryptowährungen wie Bitcoin, Ethereum und andere haben das Potenzial, traditionelle Finanzsysteme zu beeinflussen und zu verändern. Angesichts dieses Einflusses haben viele Länder begonnen, sich mit der Regulierung von Kryptowährungen auseinanderzusetzen.
Die Regulierung von Kryptowährungen kann je nach Land unterschiedlich sein. Einige Länder haben klare Vorschriften und Gesetze eingeführt, um Kryptowährungen zu regulieren, während andere noch dabei sind, entsprechende Richtlinien zu entwickeln.

Die Regulierung und rechtlichen Aspekte umfassen verschiedene Bereiche. Dazu gehören Fragen wie die steuerliche Behandlung von Kryptowährungen, die Identifizierung von Nutzern (KYC - Know Your Customer), die Verhinderung von Geldwäsche und Terrorismusfinanzierung, sowie die Sicherheit von Investoren und Verbrauchern.

Einige Länder haben Kryptowährungen als legale Zahlungsmittel anerkannt, während andere sie als Vermögenswerte oder Wertpapiere betrachten. Die Klassifizierung von Kryptowährungen hat Auswirkungen auf die Regulierung und die erforderlichen Lizenzen oder Genehmigungen für den Handel oder die Nutzung.

Die Regulierung von Kryptowährungen steht oft vor der Herausforderung, eine angemessene Balance zwischen Innovation und Verbraucherschutz zu finden. Einerseits möchten Regierungen den wachsenden Markt für Kryptowährungen fördern und Innovationen unterstützen, andererseits müssen sie auch Risiken wie Betrug, Marktmanipulation und Sicherheitslücken angehen.

Es ist wichtig, die geltenden Gesetze und Vorschriften in Bezug auf Kryptowährungen in Ihrem Land zu verstehen und sich an sie zu halten. Informieren Sie sich über die erforderlichen Genehmigungen und melden Sie Ihre Transaktionen ordnungsgemäß bei den Steuerbehörden.

Die Regulierung und rechtlichen Aspekte von Kryptowährungen sind ein dynamisches Thema, das sich ständig weiterentwickelt. Es ist daher ratsam, sich regelmäßig über aktuelle Entwicklungen und Änderungen in der Regulierung zu informieren, um rechtliche Konflikte oder Risiken zu vermeiden.

Kapitel 11: Risiken und Sicherheitsvorkehrungen

Wenn du Kryptowährungen verwendest oder damit handelst, gibt es einige Dinge, auf die du achten solltest, um dein Geld und deine persönlichen Informationen zu schützen.

1. **Preisschwankungen**: Kryptowährungen haben den Ruf, dass ihre Preise stark schwanken können. Das bedeutet, dass der Wert deiner Kryptowährungen schnell steigen oder fallen kann. Sei dir bewusst, dass du möglicherweise Geld verlieren könntest, wenn du in Kryptowährungen investierst.

2. **Sicherheitsrisiken**:
   a) Wallet-Sicherheit: Eine Wallet ist ein Ort, an dem du deine Kryptowährungen sicher aufbewahren kannst. Wähle eine sichere Wallet, die starke Passwörter und zusätzliche Sicherheitsfunktionen wie eine Zwei-Faktor-Authentifizierung hat. Bewahre deine Zugangsdaten sicher auf und teile sie niemandem mit.
   b) Vorsicht vor Betrug: Es gibt Menschen, die versuchen, dich zu betrügen und deine Kryptowährungen zu stehlen. Sei misstrauisch gegenüber verdächtigen E-Mails oder Websites, die nach deinen Zugangsdaten fragen. Klicke nicht auf unbekannte Links und lade keine Dateien herunter, wenn du dir nicht sicher bist, dass sie sicher sind.
   c) Wähle eine seriöse Handelsplattform: Wenn du Kryptowährungen kaufen oder handeln möchtest, wähle eine vertrauenswürdige Plattform. Achte darauf, dass sie gute Sicherheitsmaßnahmen hat und deine persönlichen Daten schützt.

3. **Regulierungs- und rechtliche Aspekte**: In einigen Ländern gibt es Regeln und Vorschriften für den Umgang mit Kryptowährungen. Informiere dich über die Gesetze in deinem Land und halte dich an sie. Das kann helfen, rechtliche Probleme zu vermeiden.

4. **Passwörter und Zugangsdaten**: Stelle sicher, dass du sichere Passwörter verwendest, die schwer zu erraten sind. Bewahre deine Zugangsdaten sicher auf und schütze sie vor dem Zugriff anderer Personen. Denke daran, dass der Verlust deiner Zugangsdaten dazu führen kann, dass du keinen Zugriff mehr auf deine Kryptowährungen hast.

5. **Sei vorsichtig mit unbekannten Projekten**: Es gibt viele betrügerische Projekte im Zusammenhang mit Kryptowährungen. Sei vorsichtig und investiere dein Geld nur in seriöse Projekte, über die du ausreichend Informationen hast.

Indem du diese Sicherheitsvorkehrungen beachtest, kannst du das Risiko von Verlusten oder Betrug im Zusammenhang mit Kryptowährungen verringern. Bleibe auf dem Laufenden über aktuelle Sicherheitstipps und beste Praktiken, um deine Kryptowährungen sicher zu verwahren.

kapitel 12: Zukunftsaussichten

Quantencomputer und Post-Quanten-Kryptografie:
Quantencomputer sind eine neue Art von Supercomputern, die
bestimmte mathematische Probleme schneller lösen können als
herkömmliche Computer. Diese Technologie könnte herkömmliche
Verschlüsselungsmethoden gefährden. Daher arbeiten Experten an
der Entwicklung von post-quanten-sicheren Kryptografie, um
Algorithmen zu schaffen, die auch gegen Angriffe von
Quantencomputern beständig sind. Post-Quanten-Kryptografie
verwendet mathematische Konzepte, die für herkömmliche und
zukünftige Computer sicher sind.

Verbesserte Verschlüsselungstechniken: Die Sicherheit von
Verschlüsselungsalgorithmen ist von großer Bedeutung, da sie die
Vertraulichkeit und Integrität von Daten gewährleisten. In Zukunft
könnten fortschrittlichere Verschlüsselungsmethoden entwickelt
werden, um den steigenden Sicherheitsanforderungen gerecht zu
werden. Das beinhaltet die Erforschung effizienterer Algorithmen,
die widerstandsfähiger gegen Brute-Force-Angriffe und andere
Angriffsvektoren sind. Neue kryptografische Protokolle könnten
auch entwickelt werden, um eine sichere Kommunikation und den
Schutz von Daten zu gewährleisten.

Blockchain und Kryptowährungen: Die Blockchain-Technologie hat mit der Einführung von Kryptowährungen wie Bitcoin für Aufsehen gesorgt. In der Zukunft könnten weitere Fortschritte in der Blockchain-Technologie erreicht werden. Das könnte zu verbesserten Kryptowährungen führen, die sicherer, effizienter und skalierbarer sind. Die Integration von Smart Contracts, die automatisierte Verträge ermöglichen, könnte auch weiterentwickelt werden. Darüber hinaus könnten Blockchain-Anwendungen in verschiedenen Bereichen wie dem Gesundheitswesen, der Logistik und dem Energiebereich zum Einsatz kommen, um Transparenz, Effizienz und Sicherheit zu verbessern.

Datenschutz und Privatsphäre: Der Schutz persönlicher Daten und der Erhalt der Privatsphäre sind in einer zunehmend vernetzten Welt von großer Bedeutung. In der Zukunft könnten neue kryptografische Techniken entwickelt werden, um personenbezogene Daten besser zu schützen. Homomorphe Verschlüsselung ist ein Beispiel dafür, bei dem Daten verschlüsselt bleiben, während sie verarbeitet werden.
Anonymisierungstechniken könnten ebenfalls weiterentwickelt werden, um die Privatsphäre der Benutzer zu wahren. Gleichzeitig könnte es auch eine Diskussion über den richtigen Ausgleich zwischen Datenschutz und Sicherheitsbedürfnissen geben.

Künstliche Intelligenz und Kryptografie: Künstliche Intelligenz (KI) hat bereits in vielen Bereichen großen Einfluss. In der Kryptografie könnte KI genutzt werden, um Angriffsmuster zu erkennen und Angriffe auf Verschlüsselungssysteme frühzeitig zu identifizieren. Machine Learning-Algorithmen könnten verwendet werden, um Muster in Daten zu analysieren und Anomalien zu erkennen, die auf mögliche Schwachstellen hinweisen könnten. KI könnte auch dazu beitragen, neue Sicherheitslösungen zu entwickeln und anzupassen, um den ständig wachsenden Bedrohungen durch Cyberkriminalität gerecht zu werden.

Es ist wichtig anzumerken, dass dies eine Zusammenfassung der möglichen Zukunftsaussichten basierend auf aktuellen Trends und Entwicklungen ist. Die tatsächlichen Entwicklungen könnten von diesen Erwartungen abweichen, da Innovationen und neue Herausforderungen in der Kryptografie und Kryptowährungen weiterhin stattfinden.

Abschließende Worte

Mit "Krypto-Grundlagen einfach erklärt" haben Sie einen Einblick in die faszinierende Welt der Kryptographie erhalten. Dieses Buch bildet den ersten Band einer Serie von Büchern, die komplexe Themen auf verständliche Weise behandeln.

Wenn Sie neugierig auf weitere Themen sind, lade ich Sie herzlich dazu ein, die anderen Bücher der Serie "... einfach erklärt" zu entdecken. Jedes Buch widmet sich einem spezifischen Thema und bietet Ihnen eine einfache und zugängliche Erklärung.

Die Serie "... einfach erklärt" bietet Ihnen die Möglichkeit, Ihr Wissen in verschiedenen Bereichen zu erweitern und Ihre Neugier zu stillen. Ganz gleich, ob Sie beruflich von diesen Themen profitieren möchten oder einfach Ihr Verständnis für die moderne Welt vertiefen wollen, diese Bücher sind für jeden geeignet.

Ich hoffe, dass Sie von "Krypto-Grundlagen einfach erklärt" profitiert haben und nun neugierig auf die anderen Bücher der Serie sind. Viel Freude beim Lesen und Entdecken!

Mit herzlichen Grüßen,

Kevin van Olafson